28 Novembre 1907

VENTE
Du Jeudi 28 Novembre 1907
HOTEL DROUOT, SALLE N° 6
à deux heures

marqué P

OBJETS DE CURIOSITÉ

ET

d'Ameublement

TABLEAUX — DESSINS

Appartenant à un amateur

EXPERT L. STETTINER

COMMISSAIRE-PRISEUR
Mᵉ HENRI BERNIER
Administrateur de l'étude de feu Mᵉ P. CHEVALLIER
10, rue Grange Batelière

EXPERTS
MM. MANNHEIM | M. J. FERAL
7, rue Saint-Georges

CATALOGUE

DES

OBJETS DE CURIOSITÉ

ET D'AMEUBLEMENT

FAIENCES — OBJETS VARIÉS

Bois sculptés Renaissance et autres

MEUBLES EMPIRE — ÉTOFFES — TAPISSERIES

AQUARELLES — TABLEAUX — DESSINS

Par

GIACOMELLI, FRÉMIET, ISABEY, MEISSONIER, ETC.

APPARTENANT A UN AMATEUR

ET DONT LA VENTE AURA LIEU A PARIS

HOTEL DROUOT, SALLE N° 6

Le Jeudi 28 Novembre 1907, à 2 heures

COMMISSAIRE-PRISEUR

Me HENRI BERNIER

Administrateur de l'étude de feu Me Paul CHEVALLIER

10, rue Grange-Batelière

EXPERTS

Pour les objets d'art :	*Pour les tableaux :*
MM. MANNHEIM	**M. J. FÉRAL**
7, rue Saint-Georges	7, rue Saint-Georges

EXPOSITION PUBLIQUE

Le Mercredi 27 Novembre 1907, de 1 h. 1/2 à 5 h. 1/2

CONDITIONS DE LA VENTE

Elle sera faite au comptant.

Les adjudicataires paieront *dix pour cent* en sus des enchères.

Paris. — Imp. de l'Art, CH. BERGER et Cⁱᵉ, 41, rue de la Victoire.

DÉSIGNATION

DESSINS, AQUARELLES

TABLEAUX

DORÉ (GUSTAVE)

1 — *Macbeth.*

Aquarelle gouachée.
(*Vente Gustave Doré.*)
(*Vente Alexandre Dumas.* N° 195.)

GIACOMELLI

(DEUX PENDANTS)

2 — *Oiseau sur une branche et oiseau sur un perchoir.*

Aquarelles.
Signées.

FRÉMIET

3 — *Cheval de trait.*

Dessin au crayon noir.
Signé à droite.

FRÉMIET

4 — *Le Tournebroche.*

> Dessin à la plume.
> Signé à droite.

ISABEY

5 — *Vue d'Anvers.*

6 — *Vieille maison.*

> Deux dessins au crayon, provenant de la vente,
> après décès, de l'artiste.

MEISSONIER

7 — *Un Chevalier suivi de quelques hommes d'armes.*

> Dessin sur buis à la mine de plomb, rehaussé
> de gouache.
> Signé à droite du monogramme.
> (*Vente de l'atelier de Meissonier, 1893. N° 617.*)

MEISSONIER

8 — *Les Buveurs.*

> Dessin sur buis à la mine de plomb, à l'encre,
> rehaussé de gouache.
> Signé du monogramme.
> (*Vente de l'atelier de Meissonier, 1893. N° 563.*)

MEISSONIER

9 — *Gentilhomme Louis XIII.*

Esquisse.
Toile. Signée à gauche du monogramme.

(Vente de l'atelier de Meissonier, 1893. N° 170.)

MEISSONIER

10 — *Etude pour têtes de polichinelle.*

Dessin à la mine de plomb.

(Vente de l'atelier de Meissonier, 1893. N° 616.)

MEISSONIER

11 — *Deux Études de têtes de cuirassiers et une étude de tête de Napoléon Ier.*

Trois croquis à la mine de plomb dans un même cadre.

(Vente de l'atelier de Meissonier, 1893. N°s 957 et 958.)

MEISSONIER

12 — *Trois Etudes de guides et d'uniformes dans un même cadre.*

Signées du monogramme.

(Vente de l'atelier de Meissonier, 1893. N°s 767 à 769.)

MEISSONIER

13 — *Etude de jeune femme assise.*

Aquarelle sur papier bleu.
Signée en haut, à droite, du monogramme.
(*Vente de l'atelier de Meissonier, 1893. N° 400.*)

MEISSONIER

14 — *Etude de dragon.*

Aquarelle.
(*Vente de l'atelier de Meissonier, 1893. N° 448.*)

MEISSONIER

15 — *Monogramme de l'artiste.*

Panneau.
(*Vente de l'atelier de Meissonier, 1893. N° 859.*)

MEISSONIER

16 — *Etude de figure, tête de femme.*

Peinture sur panneau.
Signée à gauche du monogramme.
(*Vente de l'atelier de Meissonier, 1893. N° 394.*)

MEISSONIER

17 — *Esquisse du tableau d'Esther.*

Peinture sur bois.
Signée à gauche du monogramme.
(*Vente de l'atelier de Meissonier, 1893. N° 840.*)

ROUSSEAU (Théodore)

18 — *Bord d'étang.*

Lavis à l'encre de Chine.
Signé du monogramme.

ÉCOLE FLAMANDE (xvııe siècle)

19 — *Maternité.*

Peinture sur bois.

FAIENCES ET PORCELAINES

20 — Fontaine, forme dauphin, en terre vernissée vert.

21 — Trois assiettes variées : fleurs. Ancienne faïence de Strasbourg.

22 — Assiette en ancienne faïence de Rouen : haie fleurie et lambrequin.

23 — Petit plat, décor à la pagode. Ancienne faïence de Rouen,

24 — Plat long en ancienne faïence de Rouen, orné d'armoiries.

25 — Deux plats longs, décor de fleurs en ancienne faïence de Strasbourg.

26 — Pichet, décor à la double corne.

27 — Assiette en ancienne faïence de Delft, décor bleu.

28 — Assiette en ancienne faïence de Rouen, décor à la corne tronquée.

29 — Plat creux en ancienne faïence de Rhodes.

3o — Plat en ancienne faïence de Moustiers, à
sujets grotesques en vert et orangé.

31 — Plaque en ancienne faïence d'Urbino :
Sainte Cécile. Atelier des Patanazzi.

32 — Petit plat en ancienne faïence de Castel-
Durante : trophées et date : *1546*. (Vente
Spitzer.)

33 — Deux azulejos dans un cadre en bois noir.

34 — Assiette et compotier : paysages. Ancienne
porcelaine de Chine.

35 — Assiette en ancienne porcelaine de Chine :
branches fleuries.

36 — Assiette en ancienne porcelaine d'Arras.

37 — Jardinière, décor doré, en porcelaine de
Sèvres.

38 — Coupe et plateau en biscuit avec fond
doré. Sèvres. Époque Empire.

39 — Petit buste d'Henri IV en biscuit.

OBJETS VARIÉS

40 — Clé ornée d'un buste au milieu de rinceaux. XVIIe siècle.

41 — Clé aux armes des Visconti.

42 — Anneau d'évêque.

43 — Trois mortiers variés en bronze.

44 — Deux gros chandeliers en ancienne dinanderie.

45 — Médaillon ovale en marbre blanc : écussons d'armoiries.

46 — Rouet en bois tourné.

47 — Sabre de l'époque Directoire, portant sur la lame l'inscription : « *Division Masséna 32me demi brigade. Donné de la part du Directoire exécutif de la République Française par le général Bonaparte au citoyen Riché, caporal.*

48-49 — Lot d'armes variés.

50-51 — Lot de bronzes.

52-53 — Lot de serrures et verrous.

54 — Petite jardinière cylindrique en ancien
émail cloisonné de la Chine.

55 — Pendule en bronze doré et marbre vert de
mer, à sujet de style antique. Époque Empire.

56 — Deux candélabres à cinq lumières en
bronze patiné et doré, pouvant accompagner
la pendule précédente.

57 — Fond de cheminée en fonte, orné de personnages Louis XIV.

BOIS SCULPTÉS

58 — Deux panneaux en bois sculpté, à fenestrages gothiques, et aux armes de France.
Commencement du XVIᵉ siècle. Ils sont compris dans un même encadrement.

59 — Devant de coffre en bois sculpté, orné de
quatre fenestrages gothiques. Commencement du XVIᵉ siècle.

60 — Devant de coffre en chêne sculpté, orné de
quatre fenestrages gothiques, séparés par des
feuillages. XVIᵉ siècle.

61 — Devant de coffre en chêne sculpté, orné de
cinq fenestrages gothiques, avec plaque de
serrure. Commencement du xvie siècle.

62 — Panneau en bois sculpté : vase entre deux
dauphins. xvie siècle.

63 — Quatre petits panneaux variés, à fenestrages gothiques. Commencement du **xvie**
siècle.

64 — Panneau étroit en bois sculpté : Sainte
Marguerite. xvie siècle.

65 — Trois panneaux étroits : rinceaux et **têtes**
de chérubins. xvie siècle.

66 — Panneau étroit en bois sculpté : Armes de
France et fenestrages. xvie siècle.

67 — Deux panneaux variés : oiseau chimérique,
bois sculpté. xvie siècle.

68 — Petit panneau, bois sculpté : guerrier à
cheval. xvie siècle.

69 — Petit bas-relief : Pietà, bois sculpté. **xvie**
siècle.

70 — Panneau en chêne sculpté, à fenestrages gothiques. xvie siècle.

71 — Devant de coffre en bois sculpté, à décor de fenestrages, avec écussons de France et Bretagne, etc. Commencement du xvie siècle.

72 — Quatre panneaux étroits en chêne sculpté : animaux chimériques. xvie siècle.

73 — Quatre panneaux étroits en chêne sculpté, ornés de bustes. xvie siècle.

74 — Panneau en bois sculpté : Amour et centaure. Ancien travail italien.

75 — Bas-relief orné d'un mascaron dans un cartouche de la fin du xvie siècle. Il est compris dans un encadrement à colonnettes cannelées.

76 — Fronton orné d'un masque du soleil.

77 — Panneau étroit, à sujet de chasse. Fin du xvie siècle.

78 — Panneau étroit, orné de mascarons et de guirlandes. Chêne.

79 — Devant de coffre en bois sculpté, orné de deux bustes d'hommes barbus sous des arcades. Fin du xvie siècle.

80 — Panneau cintré en bois sculpté, présentant le buste de Saint Paul. Fin du xvie siècle.

81 — Devant de coffre en bois sculpté, orné de chimères et de deux vases accostés chacun de deux figures. Fin du xvie siècle.

82 — Deux chapiteaux de pilastres en bois sculpté, à guirlandes de fleurs. Fin du xvie siècle.

83 — Petit panneau en bois sculpté, présentant une figure d'ange dans un cartouche. Commencement du xviie siècle.

84 — Colonnette torse, ornée de branches de vigne, en bois sculpté. xviie siècle.

85 — Deux têtes de chérubins en bois sculpté et peint. xviie siècle.

86 — Deux cariatides, décorées de masques de chérubins, en bois sculpté, du xviie siècle.

87 — Panneau en largeur, décoré en relief d'un
cartouche et de rinceaux, en bois sculpté.
XVIIe siècle.

88 — Statuette de Sainte Geneviève en bois
sculpté, peint et doré.

89 — Petit buste de femme sur un motif de
rocailles, en bois sculpté, peint et doré. XVIIIe
siècle.

90 — Encadrement en bois sculpté, à figures
d'anges, du XVIIIe siècle.

91 — Panneau ajouré en bois sculpté et peint, à
décor de feuillages, avec tête de Louis XV au
centre.

92 — Statuette d'évêque bénissant en bois peint
et doré. XVIIIe siècle.

93 — Deux colonnettes variées en bois sculpté
et doré, feuilles et monogrammes du Christ.
XVIIe siècle.

94 — Haut-relief en bois sculpté : ange et mascaron.

95 — Devant de coffre en bois sculpté, orné de
deux bustes de femme et d'homme affrontés,
avec encadrement de pilastres.

96 — Deux lions menaçant en bois sculpté et
peint.

97 — Petit panneau en bois sculpté : Saint
Jacques le Majeur.

98 — Deux cariatides de femmes en bois sculpté.

99 — Bas-relief en bois sculpté, orné d'un cor-
tège de femmes faisant de la musique et de
guerriers.

100 — Deux petits vases sur pieds en bois sculpté,
à feuillages.

101 à 104 — Lot de bois sculptés variés.

MEUBLES

105 — Petit coffre orné de panneaux gothiques à fenestrages.

106 — Coffre en bois sculpté, orné de panneaux gothiques, à fenestrages et fleurs.

107 — Table de nuit, ornée de trois panneaux en bois sculpté du xvie siècle.

108 — Petite armoire d'applique, à décor de figures, mascarons et cariatides. En partie du commencement du xviie siècle.

109 — Petit guéridon en acajou, à tablettes de marbre blanc. Époque Empire.

110 — Meuble à hauteur d'appui, à deux portes, en acajou, orné de têtes de femmes en bronze doré. Dessus de marbre. Époque Empire.

111 — Deux fauteuils en acajou, garnis d'étoffe grise. Époque Empire.

112 — Console à tiroir en acajou, ornée de bustes de femmes en bois peint. Dessus de marbre. Époque Empire.

113 — Lit en acajou, avec ornements peints couleur bronze. Époque Empire.

114 — Table de nuit en acajou, à guirlandes de laurier, en bronze doré. Epoque Empire.

115 — Secrétaire à abattant en acajou, avec bustes de femmes et mufles de lions. Dessus de marbre. Epoque Empire.

116 — Commode analogue.

117 — Guéridon en acajou, à dessus de marbre.

118 — Armoire avec tiroirs en acajou; garniture de bronzes. Époque Empire.

119 — Table-bureau en acajou. Commencement du XIXe siècle.

120 — Armoire normande en bois sculpté : feuillages, guirlandes et oiseaux.

121 — Coffre en bois sculpté, orné de panneaux à fenestrages gothiques, avec contre-forts entre eux.

122 — Commode en bois de violette garni de bronzes ; dessus de marbre.

123 — Tabouret en bois sculpté, à décor de guirlandes, couvert en étoffe.

124 — Chaise cannée en bois sculpté.

125 — Table-bureau en bois noir, garnie de
mascarons en bronze.

126 — Fauteuil en bois sculpté et velours, à bras
ornés de statuettes.

127 — Fauteuil à X en bois sculpté, à décor de
têtes d'éléphants, rinceaux, etc.

128 — Petit dressoir en bois sculpté, orné sur la
porte de branchages, d'oiseaux et d'enfants.

ÉTOFFES, TAPISSERIES

129 — Manteau de vierge, fond lamé de métal, enrichi de strass.

130 à 132 — Lot de guipures et dentelles variées.

133-134 — Lot d'étoffes variées.

135 — Bandeau en ancienne tapisserie au point, à fleurs et animaux.

136 — Carré en tapisserie du temps de l'Empire, à fleurs.

137 — Petit fragment rond, en tapisserie du XVIᵉ siècle : animaux et verdure.

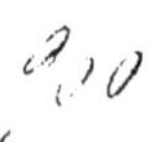

138 — Fragment de tapisserie, présentant trois personnages. Fin du XVIᵉ siècle.

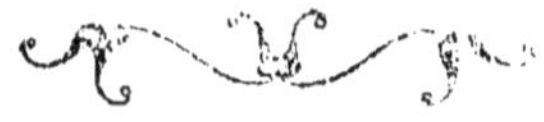

139 — Panneau en tapisserie du XVIᵉ siècle : fleurs, rubans et armoirie sur fond gros bleu. Bordure en tapisserie au point.